Auf geht´s beim Schichtl

Kleine Geschichten rund ums Oktoberfest
- nicht nur für Kinder -

Texte: Hanne Sedlmayer
Illustrationen: Ingrid Weidner

Für unsere Enkel
Meike, Kilian und Benedict Sedlmayer
Franziska und Ferdinand Weidner

1. Auflage: Sommer 2007
ISBN 978-3-00-021183-5

Das Münchner Kindl erzählt

Grüß Euch Gott! Ich bin das Münchner Kindl und will Euch Amüsantes und Interessantes vom Oktoberfest erzählen.

Zuerst aber möchte ich mich Euch vorstellen, damit Ihr auch wisst, wer ich bin, und versteht, warum es mich überhaupt gibt. Mir ist man eigentlich zu großem Dank verpflichtet; denn hätte ich mich nicht mit meinen Mitbrüdern vor langer, langer Zeit am Petersbergerl angesiedelt, wer weiß, ob München jemals gegründet worden wäre?

Denn ich bin eigentlich ein Mönch. Zum Münchner Kindl bin ich vor 500 Jahren geworden. Warum, das kann niemand so genau sagen.

Inzwischen bin ich als Münchner Kindl allgemein bekannt und im Wappen der Stadt verewigt. Den Mönch erkennt man noch an der Mönchskutte. Wenn in München größere Feste gefeiert werden, gehöre ich selbstverständlich immer dazu. Da wird ein hübsches Mädchen gesucht, das nicht zu schüchtern ist und das sich auch traut, auf einem stämmigen Bräuross zu reiten. Als Botschafterin der Stadt bin ich eine Berühmtheit geworden.

Das Münchner Oktoberfest

Ich will Dir mal erzählen, wie dieses Fest entstanden ist: Am 12. Oktober 1810 heiratet Kronprinz Ludwig, der spätere König Ludwig I., seine Braut Therese von Sachsen-Hildburghausen. Eine königliche Hochzeit, ja das ist schon etwas Besonderes! Jetzt rührt sich endlich wieder was in der verträumten Stadt. In Bayern und vor allem in München wurde schon von je her gern gefeiert. Und jetzt steht sogar eine königliche Hochzeit ins Haus. Die Münchner verehren die königliche Familie sehr und deshalb möchten die Stadtväter zu diesem Ereignis auch etwas beitragen. Andreas von Dall´Armi, Italiener von Geburt und einer der reichsten Bürger der Stadt, hat die Idee, ein Pferderennen auf der Wiese nahe dem Sendlinger Berg zu Ehren des Brautpaares zu veranstalten. Man bittet den König untertänigst um Erlaubnis. Gnädig stimmt der König diesem Wunsche zu; die Veranstalter gehen mit der Vorbereitung sofort ans Werk. Am 17. Oktober 1810 schließlich findet das Rennen statt; das war die Geburtsstunde fürs Münchner Oktoberfest. Die königliche Familie samt Brautpaar und natürlich die Münchner waren begeistert.

Den 3. Preis bei diesem Rennen errang ein gewisser Franz-Xaver Krenkl, der mit seinem viel zitierten Spruch:„Majestät, wer ko, der ko" als Münchner Original in die Geschichte der Stadt eingegangen ist. Er hatte es gewagt, mit seiner Kutsche das königliche Gefährt zu überholen. So etwas war unerhört, einfach undenkbar! Aber der König musste über soviel Kühnheit selber lachen und hat ihm diese „Majestätsbeleidigung" gnädigst verziehen. Bis heute wird in München der „Krenkl-Preis" für besonders mutige Leistungen verliehen.

Das Zentrallandwirtschaftsfest

Das Pferderennen war ein riesiger Erfolg. Also beschloss man, das Fest im nächsten Jahr zu wiederholen. Diesmal kam aber noch ein Ochsenrennen hinzu und eine weitere Attraktion, die sich bis heute erhalten hat: Das Zentrallandwirtschaftsfest. Die schönsten und wertvollsten Tiere aus Bayerns Landwirtschaft wurden der Stadtbevölkerung vorgeführt. Unterschiedliche Pferde- und Rinderrassen, Schafe, Schweine und Federvieh brachten die Bauern auf die „Wiesn". Die Städter konnten all diese Tiere aus nächster Nähe bewundern. Damals konkurrierten 23 Hengste, 29 Zuchtstuten, 22 Stiere, 31 Kühe, 27 Schafböcke und 3 Schweine um die Preise, die König Max I. höchst persönlich den Bauern überreichte; denn er war stolz auf seine bayerischen Bauern. Für ihn war es wichtig, dass er gute und tüchtige Landwirte hatte. Und die Bauern waren stolz, dass sie für ihre mühevolle Arbeit großes Lob und Anerkennung erfahren durften. Schließlich kamen fast alle Nahrungsmittel aus der heimischen Landwirtschaft. In der heutigen Zeit hat sich dies stark verändert. Jetzt kann man Lebensmittel aus aller Welt kaufen.

Das Zentrallandwirtschaftsfest findet auch heute noch statt, wird aber nur noch alle vier Jahre - gleichzeitig mit dem Oktoberfest - abgehalten.

Ruhmeshalle und Bavaria

König Ludwig I. war **der** König, der die Kunst sehr gefördert hat. Durch seine herrlichen Bauten ist München als Kunststadt berühmt geworden.

Was hat das aber mit der Wiesn zu tun, wirst Du fragen? Eine ganze Menge: Als das Oktoberfest seinen festen Platz auf der Wiesn hatte, die nach seiner Frau Therese den Namen „Theresienwiese" bekam, wollte der König die Wiesn mit Bauwerken verschönern. So hat er die Ruhmeshalle und die Bavaria am Rande der Wiesn errichten lassen. Mit der Ruhmeshalle, die wie ein griechischer Tempel gebaut ist, wollte König Ludwig I. berühmten bayerischen Persönlichkeiten ein Denkmal setzen. Leo von Klenze war der Architekt.

Die „Bavaria" stellt eine riesige, kraftvolle Frauenfigur dar. Sie ist bekleidet mit einem Bärenfell, in der einen Hand hält sie einen Lorbeerkranz in die Höhe, in der andern trägt sie ein Schwert und zu ihren Füssen sitzt majestätisch der bayrische Löwe. Die Bavaria verkörpert somit den Stolz und die Kraft der Bayern. Weißt Du, dass man bis zum Kopf der Bavaria hinaufsteigen kann? Von dort oben hast Du bei klarem Wetter einen herrlichen Blick auf die Stadt und hinein in die Berge.

Und noch was sollst Du wissen:
Das Viertel hinter der Wiesn heißt Schwanthaler Höh´, nach dem Künstler Franz von Schwanthaler. Er hat viele Kunstwerke geschaffen, unter anderem auch die stolze Bavaria, die Ferdinand von Miller in Bronze gegossen hat.

Der Trachtenzug

Zur Silberhochzeit von König Ludwig und Königin Therese wurde ein Trachten- und Schützenzug organisiert. Stolz präsentierten die einzelnen Trachtengruppen und Schützenvereine ihre Tracht.

Einheimische und Gäste waren tief beeindruckt von den farbenfrohen Gewändern, den hübschen Mädchen in ihren Dirndln und feschen Burschen in ihren Krachledernen. König Ludwig I. und seine Nachfolger haben übrigens das Tragen der Tracht „hoffähig" gemacht; das heißt, sie haben selber gerne eine Tracht getragen. Ludwigs Sohn, der spätere Prinzregent Luitpold, hat sich in der kurzen Lederhos´n und in einer Lodenjopp´n am wohlsten gefühlt. Die Tracht, also Dirndl und die Lederhos´n, wurde nun auch bei der Stadtbevölkerung beliebt.

Seit 1950 ist der Trachtenzug am 1. Wiesnsonntag ein Großereignis. Trachten- und Musikgruppen aus ganz Europa bringen buntes Treiben und Fröhlichkeit in die Stadt. Tausende Zuschauer säumen die Straßen, jubeln den vorbeiziehenden Gruppen zu; die Begeisterung aller Beteiligten ist überschäumend. Der Festzug ist sieben Kilometer lang; beginnend in der Maximilianstraße, zieht er durch die Innenstadt zur Theresienwiese. Das ist eine riesige Anstrengung für alle Beteiligten, egal, wie das Wetter ist. Ich hab´ schon erlebt, dass es saukalt war und geschneit hat, dann wieder war´s föhnig warm. Entweder man friert oder schwitzt. Als Münchner Kindl hab` ich da viel Erfahrung; ich sag´ dir´s im Vertrauen: „in München brauchst entweder a Badhos´n oder an Lod´nmantel".

Einzug der Wiesnwirte

Wie bereits erwähnt, wurde das Fest von Jahr zu Jahr größer, die Ansprüche der Besucher stiegen. Das Bier spielte damals wie heute eine große Rolle. Seit 1887 beginnt das Oktoberfest deshalb mit dem Einzug der Wiesnwirte. Der Zug wird angeführt von mir, dem Münchner Kindl, das immer dabei ist, wenn in der Stadt etwas los ist. Dann folgt die Kutsche des Herrn Oberbürgermeister und dahinter kommen die prächtig geschmückten Gespanne der Wirte und Brauereien, zu guter Letzt - in einem gemeinsamen Wagen- die Schausteller.

Der Oberbürgermeister hat eine äußerst wichtige Aufgabe zu erfüllen: Punkt 12 Uhr muss er das erste Fass Bier angezapft haben. Das ist gar nicht so leicht, ja schon fast eine Kunst. Besonders für jemanden, der das ganze Jahr über mit dem Anzapfen nichts zu tun hat. Alle beobachten gespannt, wie viele Schläge er braucht, bis das Bier in die Krüge fließen kann. Wenn er öfter als dreimal mit dem Schlegel auf den Zapfhahn hauen muss oder wenn es beim Anzapfen spritzt, wird natürlich gespöttelt. Das ist eigentlich ganz schön gemein, oder? Also nehme ich an, dass der Herr Oberbürgermeister unterm Jahr ein wenig üben wird. Fließt dann das Bier in den Maßkrug, verkündet der Oberbürgermeister: „Ozapft is, die Wiesn ist eröffnet" - und ein Sturm der Begeisterung bricht los.

Unterhaltung

Die Anfänge des Oktoberfestes waren sehr bescheiden: Die Wirtsleute, die ein gutes Geschäft witterten, stellten ein paar Biertische und Bänke auf, dazu lieferten sie ein paar Fässer Bier. Die Brotzeit nahmen die Gäste von zu Hause mit. Und so kam eins zum anderen: Immer mehr Menschen strömten hinaus auf die „Wiesn", wie die Theresienwiese von nun an liebevoll genannt wurde. Von Jahr zu Jahr wurde das Fest attraktiver und somit größer und bekannter.

Für die Kinder wird ein Karussell aufgebaut, das erste vom Praterwirt Gruber. Jedes Jahr kommt eine neue Lustbarkeit hinzu: Eine Schiffschaukel, ein Riesenrad, eine Geisterbahn, ein Flohzirkus, der Toboggan. Außerdem kann man seine Kräfte beim „Haut den Lukas" messen und den Pfeifkünsten des Vogeljakob zuhören. Eine große Freude bereitet Jung und Alt der Besuch der „Krinoline", einem kleinen Karussell, das bereits seit 1924 auf der Wiesn vertreten ist. Dabei kommt die Musik nicht vom Band, sondern wird von einer echten Blaskapelle gespielt.

„Auf geht´s beim Schichtl", ist ein geläufiger Spruch in Bayern, wenn man etwas Wichtiges vorhat. Auf der Wiesn gibt es den Schichtl wirklich: „Auf geht´s beim Schichtl" heißt das „Original- Zauber - Spezialitätentheater", in dem mancherlei Kuriositäten dargeboten werden. Mit pfiffigen Sprüchen lockt der Schichtl die staunende und neugierige Kundschaft an.

Die Italiener kommen

Die Italiener kommen! Schon seit einigen Jahren ist das zweite Wiesnwochenende fest in Italienischer Hand. Karawanen von Wohnwägen ziehen über die Alpen nach München. Bis hinunter nach Sizilien hat sich der Reiz des Oktoberfestes herumgesprochen. Die Italiener sind bei den Münchnern gern gesehene Gäste und werden freundschaftlich aufgenommen. Außerdem verbindet uns viel mit ihnen: In München wird gerne italienisch gekocht, man geht gern italienisch essen und Spagetti gehören sowieso zum Lieblingsessen für Euch Kinder. Aber nicht nur das Essen verbindet uns mit Italien. Kirchen, Paläste und Schlösser wurden nach italienischem Vorbild und von italienischen Künstlern gebaut. Nicht umsonst wird München als nördlichste Stadt Italiens bezeichnet. Und auch das ist wichtig: Verona ist die Partnerstadt Münchens. Hast Du schon mal die schöne Julia am Alten Rathaus entdeckt?

Die Italiener sind unglaublich begeisterungsfähig und fröhlich. Ihre Fröhlichkeit ist ansteckend. Sprachliche Schwierigkeiten gibt es kaum. Wenn es kritisch wird, stehen den deutschen Ordnungshütern italienische Helfer zur Seite, die dann so manche Meinungsverschiedenheiten ausräumen. Eine friedliche und fröhliche Wiesn wünscht sich doch jeder.

Haltestelle Poccistraße

Eine der Haltestellen, an denen die Wiesnbesucher aus- und einsteigen, ist die U-Bahnhaltestelle „Poccistraße". Die meisten von Euch können mit diesem fremdländisch klingenden Namen rein gar nichts anfangen. Stimmt´s? In einem Kasperltheater seid Ihr aber bestimmt alle schon einmal gewesen.

Franz von Pocci - sein Vater war Italiener und Oberhofmeister bei der Königin Therese - war ein echter Graf und noch dazu ein ganz lustiger. Und Kinder muss er auch ganz lieb gehabt haben. Er war Hausdichter am Münchner Marionettentheater vom Papa Schmid. Über 40 Puppenkommödien rund um den Kasperl Larifari hat er sich ausgedacht und niedergeschrieben. Er hat gemalt und gedichtet, gesungen und sogar die königliche Familie mit viel Witz unterhalten.

Als **der** „Kasperlgraf" ist er berühmt geworden. Am 7. März 2007 war sein 200. Geburtstag. Ihm zu Ehren hat das Münchner Stadtmuseum eine wunderschöne Sonderausstellung gestaltet.

An der U-Bahnhaltestelle „Poccistraße" (Potschi aussprechen) könnt Ihr immer an ein Kasperltheater denken.

Die Brez´n

Ohne Brezen ist ein Wiesnbesuch kaum denkbar. Vor und in den Zelten werden sogenannte Wiesnbrezen, also riesig große, aber auch ganz normal große Brezen verkauft. Mit Körben voll von diesen heiß begehrten Appetitanregern ziehen fesche Mädchen über die Wiesn und machen beim Verkauf ein prima Geschäft.

Die Breze oder „Brez´n" – wie sie bei uns heißt - passt zu jedem bayerischen Essen, zum Schweinsbraten genauso wie zum Brathendl oder zum Radi. Sie ist nicht nur beim Oktoberfest, sondern das ganze Jahr über besonders bei Euch Kindern beliebt.

Brezen gibt es schon seit Jahrhunderten. Angeblich haben Mönche neben dem Starkbier auch die Breze in der Fastenzeit erfunden, weil sie auf Fleischspeisen und andere Schmankerl verzichten mussten. Um das Fasten auch durchstehen zu können, brauten sie sich ein gutes, kräftiges Bier. Zum Bier braucht man aber eine feste „Unterlage", sonst steigt es einem zu sehr in den Kopf. Also erfanden sie die Breze, die auch ein Zeichen der Frömmigkeit war: sie schlangen eine dünne Teigrolle wie zum Gebet gekreuzter Arme zusammen.

Fast in Vergessenheit geraten ist inzwischen die „Wadler Brezenstiftung", die bis in das 14. Jahrhundert zurückreicht: Jedes Jahr am 1. Mai ist ein Schimmelreiter schon in aller Frühe vom Hl. Geist Spital aus durch die Gassen geritten und hat Brezen unter die arme Bevölkerung verteilt. Im großen Deckenbild der Heilig Geist Kirche am Viktualienmarkt ist der Brezenreiter zu sehen. Mach´ Dich mal auf die Suche!

So, liebe Kinder, jetzt bin ich rechtschaffen müde.
Aber es hat Spaß gemacht,
Euch von mir und dem Oktoberfest zu erzählen.
Ich hoffe, Ihr habt Freude damit!

Es grüßt das Münchner Kindl